BIRUTA São Paulo / 2010

O joão-de-barro

Neide Simões de Mattos
Suzana Facchini Granato
ILUSTRAÇÕES Rubens Matuck

Texto **Neide Simões de Mattos / Suzana Facchini Granato**

Projeto gráfico **Casa Rex**

Revisão **Beatriz Crespo Dinis**

Coordenação Editorial **Editora Biruta**

1ª edição – 2010

Dados Internacionais de Catalogação na Publicação (CIP)
(Câmara Brasileira do Livro, SP, Brasil)

Mattos, Neide Simões de
O João-de-Barro / Neide Simões de Mattos,
Suzana Facchini Granato ; ilustração Rubens
Matuck. -- São Paulo : Biruta, 2010.

ISBN 978-85-7848-048-6

1. Literatura infantojuvenil I. Granato, Suzana
Facchini. II. Matuck, Rubens. III. Título.

10-03699 CDD-028.5

Índices para catálogo sistemático:
1. Literatura infantil 028.5
2. Literatura infantojuvenil 028.5

Edição em conformidade com o acordo ortográfico da língua portuguesa.

Rua Coronel José Euzébio, 95 – Vila Casa 100-5
Higienópolis – CEP 01239-030
São Paulo – SP – Brasil
Tel (011) 3081-5739 Fax (011) 3081-5741
E-mail biruta@editorabiruta.com.br
Site www.editorabiruta.com.br

Impressão e acabamento: Yangraf Gráfica e Editora

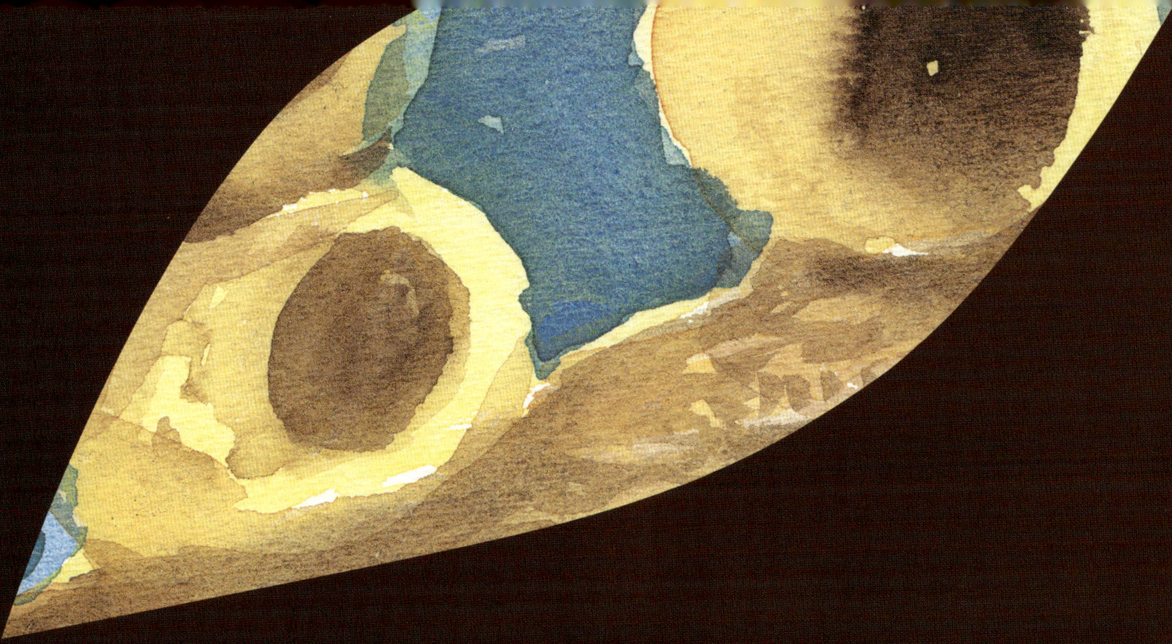

4

O joão-de-barro é
um pássaro marrom-
-alaranjado. Ele é alegre
e gosta de cantar.

O joão-de-barro vive em campos abertos, com árvores bem distantes umas das outras. Mas ele também pode ser encontrado nas cidades.

Ele come insetos e suas larvas, aranhas, lesmas e caracóis. Uma revoada de cupins vira uma festa para o seu estômago!

No final de setembro começa um período de muita atividade para o joão-de-barro. Ele quer aumentar a família. É a época da reprodução.

Nas horas mais quentes
do dia, machos e fêmeas
cantam juntos, em dueto.
Eles ficam muito animados
e agitam as asas.

Em seguida, o casal escolhe
um galho de árvore grosso,
ou até mesmo um poste,
para construir o ninho.

O ninho é feito de barro amassado misturado com esterco e fiapos de palha. O macho e a fêmea se revezam na construção.

Cada pássaro leva uma
pelotinha de barro no bico
e coloca uma sobre as outras.
Eles são ótimos construtores.

Trabalhando sem parar, o casal leva mais ou menos vinte dias para aprontar a casinha, que fica muito bonita e resistente.

O ninho é dividido em duas partes. Uma parede separa a entrada e a parte interna da casa.

A entrada é uma passagem estreita. Ela serve para proteger o ninho da chuva, do vento e dos inimigos. A parte interna é maior e abriga os filhotes.

O casal pode trabalhar em vários ninhos ao mesmo tempo. No final, escolhe um para a fêmea colocar os ovos.

Às vezes, o joão-de-barro
constrói uma nova casinha
em cima dos ninhos antigos
por vários anos seguidos...

Quando o ninho fica pronto, a fêmea põe três ou quatro ovinhos brancos na parte interna, no quartinho forrado com fiapos.

Os filhotes nascem
depois que os ovos são
chocados por quinze dias.
Os pais cuidam muito
bem dos filhotes, que são
alimentados com bichinhos.

O casal também faz a limpeza do ninho, retirando as fezes. Mas não consegue proteger os filhotes de pulgas, carrapatos e percevejos.

Com apenas duas semanas de vida, os filhotes já começam a cantar, imitando os pais.

À medida que os filhotes crescem, surgem as penas. Com vinte e três dias de vida eles conseguem voar e deixam o ninho.

Na primavera seguinte, os jovens pássaros formarão novos casais e começará tudo outra vez. É o ciclo da vida.

Eles vão cantar com seu parceiro um canto de alegria e vão construir outras lindas casinhas de barro.

AS AUTORAS

NEIDE SIMÕES DE MATTOS nasceu em São Joaquim da Barra, São Paulo, em 1936. Desde criança dizia que queria estudar Biologia, pois se encantava com os animais e com as plantas. Formou-se em Ciências Biológicas pela USP e, durante 30 anos, lecionou Ciências e Biologia. Sempre valorizou as aulas práticas e as excursões para estudo do meio ambiente. Desde a década de 1980 escreve livros didáticos e paradidáticos. Atualmente aposentada, continua escrevendo, para passar às novas gerações o que constitui seu maior interesse: o prazer da observação da natureza.

SUZANA FACCHINI GRANATO nasceu em São Paulo, em 1959. É bióloga formada pelo Instituto de Biociências da Universidade de São Paulo (USP) e, desde 1979, trabalha como professora de Biologia e educadora ambiental. Há mais de 30 anos leva alunos e amigos para lugares do Brasil onde a natureza é a grande atração – Amazônia, Chapada dos Veadeiros, Chapada Diamantina, Chapada dos Guimarães, Ilha Grande, Paraty, Abrolhos e PETAR. Suzana começou a escrever paradidáticos em 1991 e é autora de mais de 20 livros.

O ILUSTRADOR

RUBENS MATUCK é ilustrador, artista plástico e escritor. Publicou pela Editora Biruta os títulos da série Natureza Brasileira, sobre animais em extinção, e títulos sobre os ecossistemas brasileiros. Matuck recebeu, entre outros prêmios, o Jabuti de Melhor Ilustração de Livro Infantil (1993), o prêmio do Salon Du Livre de Jeunesse (Paris, 1992) e o selo Altamente Recomendável (FNLIJ, 2004).